BEI GRIN MACHT SICH IH
WISSEN BEZAHLT

- Wir veröffentlichen Ihre Hausarbeit,
  Bachelor- und Masterarbeit

- Ihr eigenes eBook und Buch -
  weltweit in allen wichtigen Shops

- Verdienen Sie an jedem Verkauf

Jetzt bei www.GRIN.com hochladen
und kostenlos publizieren

Markus Weizenegger

E-Security - Überblick über Risiken und Gegenmaßnahmen

GRIN Verlag

Bibliografische Information der Deutschen Nationalbibliothek:

Die Deutsche Bibliothek verzeichnet diese Publikation in der Deutschen National-
bibliografie; detaillierte bibliografische Daten sind im Internet über http://dnb.d-
nb.de/ abrufbar.

Impressum:

Copyright © 2002 GRIN Verlag GmbH
Druck und Bindung: Books on Demand GmbH, Norderstedt Germany
ISBN: 978-3-638-64113-5

GRIN - Your knowledge has value

Der GRIN Verlag publiziert seit 1998 wissenschaftliche Arbeiten von Studenten, Hochschullehrern und anderen Akademikern als eBook und gedrucktes Buch. Die Verlagswebsite www.grin.com ist die ideale Plattform zur Veröffentlichung von Hausarbeiten, Abschlussarbeiten, wissenschaftlichen Aufsätzen, Dissertationen und Fachbüchern.

Besuchen Sie uns im Internet:

http://www.grin.com/

http://www.facebook.com/grincom

http://www.twitter.com/grin_com

Fachhochschule Kempten

Seminar für Logistik

"E-Security"

Markus Weizenegger

21. November 2002

Inhaltsverzeichnis

Abbildungsverzeichnis

Abkürzungsverzeichnis

Abb	Abbildung
CD	Compact Disc
dt	deutsch
DVD	Digitale Versatile Disc
E-Business	Electronic Business
E-Commerce	Electronic Commerce
EDV	Elektronische Datenverarbeitung
E-Logistik	Elektronische Logistik
Email	Elektronische Mail
E-Security	Electronic Security
FTP	File Transfer Protocol
HTTP	HyperText Transfer Protocol
IT	Information Technology
PC	Personal Computer
PGP	Pretty Good Privacy
SMTP	Simple Mail Transfer Protocol
SSL	Secure Socket Layer
WWW	World Wide Web

1 Einleitung

Schon in der Maslowschen Bedürfnispyramide folgt das Bedürfnis nach Sicherheit bereits an zweiter Stelle und stellt somit eine Grundvoraussetzung für die Befriedigung der folgenden Bedürfnisse dar.

Sicherheit ist auch die Grundlage für Logistik- und Geschäftsprozesse im Internet. Mit der sich abzeichnenden totalen Vernetzung der Wirtschaft über das Internet, Intranets und Extranets steigen auch die Risiken, das geheime Daten abgehört oder im schlimmsten Fall manipuliert bzw. zerstört werden. Gerade im Bereich des E-Business muss mit Daten und Informationen besonders sorgfältig umgegangen werden. "Denn niemand will, dass seine vertraulichen Daten in fremde Hände geraten. Vor allem bei Geschäftsbeziehungen zwischen Unternehmen ist größtmögliche Sicherheit für alle im Internet übermittelten Informationen ebenso unerlässlich wie für alle Datenbestände innerhalb der Firma."[1] Die Betriebe wollen ihre Datennetze zwar nach außen für Lieferanten, Geschäftspartner und Kunden öffnen, damit diese elektronisch ohne Medienbrüche in die Geschäftsprozesse eingebunden werden können, doch soll zugleich ein unbefugter Zugriff von Außen verhindert werden.[2]

Gefahren für die Unternehmen drohen jedoch nicht nur von außen. Auch im Unternehmen müssen gewisse Sicherheitsvorkehrungen getroffen werden, damit nicht das Risiko besteht, dass sensible Daten oder das System beschädigt werden.

Deshalb sollte sich jedes Unternehmen mit dem Thema "E-Security" (dt.: Elektronische Sicherheit) befassen. Denn Geschäfte sind Vertrauenssache, gerade in öffentlichen Netzen. Wer keine optimale Sicherheit bietet, läuft Gefahr, seine Kunden zu verlieren und sein Unternehmen zu ruinieren.[3] Die folgende Seminararbeit soll einen kleinen Überblick geben, welche Risiken und Gefahren es im Bereich der Elektronischen Sicherheit gibt, welche Gegenmaßnahmen man ergreifen kann und welche Softwareprogramme dabei helfen.

---

[1] www.founders.de
[2] vgl. www.webagency.de
[3] vgl. www.founders.de

2 E-Security

2.1 Was ist E-Security?

Im Zeitalter von E-Business und E-Commerce gewinnt der Begriff "E-Security" immer mehr an Bedeutung. Sicherheit ist vor allem dort wichtig, wo Unternehmen sensible Daten aufbewahren und austauschen oder finanzielle Transaktionen über ein öffentliches Netz abwickeln wollen.[4] Jedes Unternehmen, das ein EDV-System einsetzt, ist in der Regel darauf angewiesen, dass dieses reibungslos funktioniert. Ein Ausfall des Systems, verursacht durch Sicherheitsprobleme, bedeutet meistens nicht nur einen hohen finanziellen Schaden, sondern womöglich Tausende von verärgerten Kunden. Zu allem Überfluss kommen dann noch juristische Probleme wie Regressansprüche oder Schadensersatzforderungen hinzu.[5]

Um die dauernde Informationssicherheit zu gewährleisten, müssen elektronische Maßnahmen getroffen werden. "E-Security umfasst alle Disziplinen der Unternehmenssicherheit, die das Ziel haben, die Sicherheit von E-Business Lösungen und der damit verbundenen IT-Systeme zu gewährleisten."[6] Dazu gehören

- das Aufspüren, Erkennen und Beseitigen von Computerviren,
- der Schutz der Daten vor Verlust, Manipulation und vor dem Zugriff durch Unbefugte,
- die Gewährleistung der Verfügbarkeit,
- die Vertraulichkeit,
- die Integrität und die Authentizität.[7]

2.2 Sicherheitsanforderungen

Wie im vorherigen Absatz schon angesprochen, hat E-Security die Unternehmenssicherheit als oberstes Ziel. "Mit Sicherheit ist dabei in erster Linie der sichere Transport und die sichere Speicherung von Daten gemeint."[8] Aber auch die an das öffentliche

---

[4] vgl. Tim Cole (Managementaufgabe Sicherheit), S.27
[5] vgl. Tim Cole (Managementaufgabe Sicherheit), S.11
[6] www.funkschau.de
[7] vgl. www.www-kurs.de
[8] www.bmwi.de

Netz angeschlossenen Rechner können bei Sicherheitsproblemen in Mitleidenschaft gezogen werden. Um einen ausreichenden Schutz gewährleisten zu können, muss bei E-Security das Hauptaugenmerk besonders auf nachfolgende Kriterien gelegt werden.

- Verfügbarkeit: Im Zeitalter von E-Business wird es zunehmend wichtiger, das Geschäftspartner von außen rund um die Uhr über ein öffentliches Netz auf Dienstleistungen oder Datenbanken zugreifen und Transaktionen abwickeln können. Daher muss sichergestellt werden, dass äußere Einflüsse die Verfügbarkeit der Daten nicht beeinflussen. "Denn Daten, auf die nicht (oder nicht mehr) zugegriffen werden kann, sind für das Unternehmen wertlos."[9]

- Vertraulichkeit: Beim Informationsaustausch müssen Daten vor dem Einblick und dem Zugriff durch unbefugte Dritte geschützt werden.

- Integrität: Gerade im Online-Zeitalter ist die Integrität von Daten ein Problem. "Im Internet gibt es keine Gewissheit, dass eine empfangene Nachricht mit der gesendeten identisch ist, da sie ein Netzwerk mit Millionen angeschlossener Computer durchläuft. Jeder kann dabei potentiell Änderungen durchgeführt haben."[10]

- Authentizität: Es muss in jedem Fall sichergestellt werden, dass die "richtigen" Personen die Nachrichten austauschen. Der Urheber einer Information muss eindeutig identifizierbar sein.

- Verbindlichkeit: Keiner der Beteiligten soll bestreiten können, dass eine Informationsübermittlung erfolgreich stattgefunden hat. "Im Internet kann jeder behaupten, eine Nachricht nicht erhalten zu haben. Umgekehrt kann auch jeder behaupten, eine bestimmte Nachricht nicht geschickt zu haben."[11]

- Zurechenbarkeit: Für jeden elektronischen Geschäftsprozess muss nachvollziehbar sein, welcher Benutzer welchen Vorgang mit welchen Daten ausgeführt hat. Bei Sicherheitsverletzungen oder Datenmissbrauch kann somit der potenzielle Schuldige schneller gefunden werden.[12]

---

[9] Tim Cole (Managementaufgabe Sicherheit), S.19
[10] Tim Cole (Managementaufgabe Sicherheit), S.19
[11] Tim Cole (Managementaufgabe Sicherheit), S.19
[12] vlg. www.idc.com

2.3 E-Security in der Logistik

Neben den klassischen Kommunikationsmöglichkeiten Fax, Telefon und Brief wird im Bereich der Logistik zunehmend das Internet als Vertriebs- bzw. Absatzkanal angeboten und genutzt. Unternehmen nutzen die Vernetzung mit anderen Unternehmen, um schnell und wirtschaftlich am Markt tätig sein zu können. "Das Internet dient aufgrund seiner definierten Standards als geeignete Plattform, um die heterogene Struktur der Informations- und Kommunikationssysteme der beteiligten Partner miteinander zu verknüpfen."[13]

Auch wenn viele Logistikunternehmen das Internet zukünftig als Plattform für eine reibungslose und schnelle Kommunikation mit Kunden und Lieferanten ansehen, müssen zunächst elektronische Sicherheitsmaßnahmen getroffen werden, um einen reibungslosen und sicheren Ablauf der Geschäftsprozesse gewährleisten zu können. Denn im Internet gibt es keine Aufsichts- oder Kontrollinstanz, die für Sicherheit sorgt. Jedes Unternehmen ist für die eigene Sicherheit verantwortlich. Logistikdienstleister müssen sich im Rahmen der E-Logistik diesen Anforderungen anpassen.

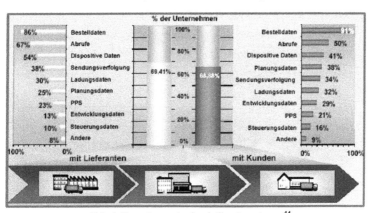

Abb. 1: Vernetzung der Logistikunternehmen[14]

---

[13] www.competence-site.de
[14] www.competence-site.de

3 Bedrohungs- und Risikoanalyse

Um geeignete Sicherheitsmaßnahmen ergreifen zu können, müssen zunächst die möglichen Gefahren und die Risiken für die elektronische Sicherheit erkannt werden.

3.1 Gefahrenpotenziale

Erkenntnisse über die mögliche Identität von potentiellen "Angreifern" liefern die ersten Anhaltspunkte für die Auswahl von elektronischen Sicherheitsmaßnahmen. Die Abwehr von Informatikstudenten, die mit PC und Modem ihre erste "Hack-Erfahrung" sammeln, erfordert weniger Aufwand als die Abwehr von Betriebsspionage oder von Angriffen aus dem Unternehmen selbst. Das Spektrum der möglichen Verursacher von elektronischen Sicherheitsverletzungen umfasst im wesentlichen folgende Personengruppen:

- Firmenangehörige
- Personen aus dem Universitäts- und Schulumfeld
- Personen aus dem Konkurrenz-/Wettbewerbsumfeld
- Personen aus dem Kundenumfeld
- Hacker aus der Computer-Untergrundszene
- professionelle Hacker/Industriespione[15]

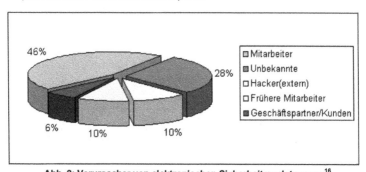

Abb. 2: Verursacher von elektronischen Sicherheitsverletzungen[16]

---

[15] vgl. Othmar Kyas (Sicherheit im Internet), S.29
[16] vgl. Tim Cole (Managementaufgabe Sicherheit), S.23

3.1.1 Angriffe von Außen

"Über Hackerangriffe wird immer wieder in der Presse berichtet, insbesondere dann, wenn die Sicherheitsvorkehrungen großer Unternehmen von Einzeltätern überwunden wurden."[17] Im Allgemeinen wird das Wort Hacker für jemanden benutzt, der sich illegal Zugang zu einem fremden Rechnersystem verschafft und zusätzlich noch die daraus gewonnen Informationen verkauft oder erheblichen Schaden an dem System anrichtet. Zu typischen Hackeraktivitäten zählen beispielsweise:

- Angriffe, bei denen einzelne Dienste oder ganze Systeme gezielt überlastet oder zum Ausfall gebracht werden,
- Manipulation von Nachrichten, Webseiten und Webangeboten,
- Missbrauch von Kundendaten, die auf internen Servern gespeichert sind.

3.1.2 Angriffe von Innen

Bemerkenswert ist auch die Tatsache (wie auch Abb. 2 zeigt), dass die größte Gefahr für die elektronische Sicherheit nicht von außen besteht, sondern im eigenen Unternehmen zu suchen ist. Hauptrisiko hierbei sind Betriebsangehörige, die sich nicht konsequent an die bestehenden Sicherheitsrichtlinien halten und beispielsweise fahrlässig Emails mit gefährlichen Anhängen ausführen.

Leider kommt auch die Manipulation des Systems durch die eigenen Mitarbeiter immer wieder vor. "Daten oder Systeme können aus verschiedenen Motiven manipuliert werden: aus Rachegefühlen, um einen Schaden mutwillig zu erzeugen, um sich persönliche Vorteile zu verschaffen oder schlicht zur persönlichen Bereicherung."[18] Die Manipulationen werden noch erleichtert, da oftmals unzureichende organisatorische bzw. technische Hürden getroffen wurden und das Risiko, erwischt zu werden, sehr gering ist.

---

[17] www.bmwi.de
[18] www.bmwi.de

3.1.3 Angriffsarten

Grundsätzlich kann man bei der Art der Angriffe drei Gruppen unterscheiden. Dies sind aktive Angriffe auf das System, passive Angriffe auf die Kommunikation und Angriffe auf die Verfügbarkeit der Dienstleistungen eines Unternehmens.

Unter aktiven Angriffen versteht man das Verändern von Nachrichten, das Wiedereinspielen von Nachrichten, Vortäuschen falscher Identitäten, Verzögern von Nachrichten oder das maskierte Eindringen (Spoofing) als autorisierter Benutzer oder Programm in das System. So könnte beispielsweise ein Angreifer die Nachricht über ein Angebot abfangen, einen anderen Betrag einsetzen und weiterverschicken um so den Angebotsersteller zu schädigen.

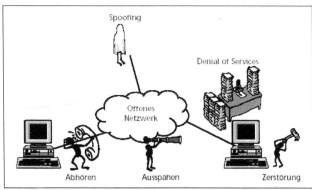

Abb. 3: Übersicht über die unterschiedlichen Angriffsarten[19]

"Die passiven Angriffe auf die Kommunikation umfassen das Lesen von Nachrichteninhalten, z. B. durch Abhören eines Kommunikationskanals und die Analyse des Nachrichtenverkehrs."[20] Wie im zuvor genannten Beispiel wird die Nachricht abgefangen und der Angreifer ist mit dem erlangten Wissen über die Konkurrenz nun in der Lage, ein besseres Angebot abzugeben.

Die letzte Art der Angriffe zielt auf die Verfügbarkeit von Dienstleistungen eines Unternehmens, beispielsweise einen Online-Shop im Internet. In diesem Bereich gelten die Denial of Services-Attacken (DDOS) zu den Bekanntesten. "Angreifer senden mit einer großen Anzahl von Internetrechnern massenhaft Datenpakete, um den

---

[19] www.frauenhofer.de
[20] www.frauenhofer.de

Internetanschluß eines Unternehmens zu überlasten, und damit eine angebotene e-Business Anwendung nicht mehr verfügbar ist."[21]

3.1.4 Motive der Angreifer

Die möglichen Motivationen sind innerhalb der Personengruppen höchst unterschiedlich. Die nachfolgende Übersicht zeigt hier die wahrscheinlichsten Motivationen auf.

Personengruppe	Motivation
Firmenangehörige	finanzielle Interessen, persönliche Gründe (Rache)
Studenten/Schüler	Selbstbestätigung, Neugier, Spieltrieb
Konkurrenz/Kunden	erlangen eines Wettbewerbsvorteils, finanzielle Interessen
Hacker	Erweiterung der persönlichen Kenntnisse, politische Gründe, Wettkampf mit anderen Hackern
Industriespione	finanzielle Interessen, Datendiebstahl

Abb. 4: Motive der Angreifer[22]

3.2 Gefahrenquellen

3.2.1 Destruktive Programme

Durch den weltweiten Trend zur Vernetzung von Computersystemen steigt auch das Risiko, das unternehmenseigene Informationssystem mit destruktiven Programmen, wie beispielsweise Viren oder Trojaner, zu gefährden.

Viren sind Programme, die zum einen die Funktionsweise von Computern oder ganzer Netzwerke stören oder zerstören, und sich zum anderen über die Systeme, die sie befallen, weiterverbreiten. "Jedes Programm, das sich selbst ohne Zustimmung des

---

[21] www.frauenhofer.de
[22] vgl. www.frauenhofer.de

Benutzers repliziert, wird als Virus bezeichnet."[23] In den meisten Fällen gelangen die Viren per Anhang an ein Email, Download oder durch den Austausch von Datenträgern in ein Rechnersystem. Manche Mail-Programme sind so eingestellt, dass sie beim Empfang einer neuen Nachricht automatisch die angehängte Datei öffnen. In diesem Fall ist es schon zu spät, denn ein eventuell in dem Attachment eingefügter Virus hat sich zu diesem Zeitpunkt bereits selbständig gemacht und kann über das Netzwerk bereits auf andere Systeme übergreifen. Der wohl bekannteste Virus namens "I love you" hat laut US-Experten einen finanziellen Schaden von 16 Milliarden Dollar in der Wirtschaft verursacht.[24]

Sogenannte Trojanische Pferde sind nicht identisch mit Viren, obwohl beide gerne in einem Atemzug genannt werden. Mit dem Ausdruck Trojaner werden Programme bezeichnet, die neben einer vom Benutzer erwarteten und gewünschten Funktionalität noch weitere, verborgene und unerwünschte Funktionen erfüllen, die meistens unbemerkt im Hintergrund des Programms ablaufen. Die Absicht des Trojaners ist es, unbemerkt so viele sensible Benutzerdaten und Informationen wie möglich auszuspähen. Trojaner sind nicht so verbreitet wie Viren, weil sie sich nicht selbst replizieren. Dennoch bilden Sie im Geschäftsalltag eine echte Gefahr, weil sie gezielt als Spionageinstrumente gegen Firmen oder Organisationen verwendet werden können.[25]

Zur Erkennung von Destruktiven Programmen können Virenscanner und Firewalls verwendet werden, die im Laufe dieser Arbeit noch vorgestellt werden.

3.2.2 Passwörter

Die besten elektronischen Sicherheitsvorkehrungen helfen nichts, wenn es einem "Angreifer" gelingt, in den Besitz der Passwörter zu gelangen. In vielen Unternehmen ist es Gewohnheit, dass die Mitarbeiter ihre Passwörter auf einen Zettel schreiben und dort ablegen, wo sie jeder finden kann.

Aber auch ohne im Besitz der Passwörter zu sein, ist es möglich, in ein System einzudringen, wenn die Passwörter schlecht gewählt wurden. Schlechte Passwörter

---

[23] Stephan Fischer (Open Security), S. 31
[24] vgl. www.giga.de
[25] vgl. Tim Cole (Managementaufgabe Sicherheit), S.23

stellen eine große Gefahr für die Sicherheit eines Systems dar. Nur allzu oft verwenden Benutzer als Passwort Wörter, die etwas mit ihrer eigenen Person zu tun haben (Vorname, Geburtsdatum u.s.w.). Verfügt ein "Angreifer" über solche Informationen, hat er gute Chancen, in das System durch einfaches Ausprobieren einzudringen.

Als Regel gilt deshalb: Ein gutes Passwort sollte mindestens 12 Zeichen lang sein und aus einer Mischung von Buchstaben, Zahlen und Sonderzeichen bestehen. Zudem sollte das Passwort möglichst oft und in unregelmäßigen Abständen geändert werden.[26]

3.3 Risiko Zahlungsabwicklung

Bei E-Business Geschäften liegt die Hauptangst der Beteiligten darin, dass persönliche Daten und vor allem Konto- bzw. Kreditkarten-Informationen an nicht autorisierte Stellen gelangen, die damit einen erheblichen persönlichen oder finanziellen Schaden anrichten können. "Aufgrund der komplexen Informationsströme und Vorgänge beim Einsatz digitaler Zahlungssysteme, die zwischen den verschiedenen Beteiligten ablaufen, ist Sicherheit nicht automatisch gewährleistet."[27] Nachrichten über Sicherheitslücken bei Online-Banken oder die Betrugsstatistiken der Kreditkartenunternehmen beweisen die Unsicherheit elektronischer Zahlungssysteme. Deshalb sollten zahlungsbezogene Daten in jedem Fall verschlüsselt gesendet werden.

4 Sicherheitsmaßnahmen

Die Nutzung öffentlicher Netze als Geschäftsplattformen stellen besondere Anforderungen an die Sicherheit der Kommunikationswege und die Datenübertragung dar. Daher müssen elektronische Sicherheitsmaßnahmen vorgenommen werden, die eine sichere Kommunikation gewährleisten.

---

[26] vgl. Tim Cole (Managementaufgabe Sicherheit), S.50/51
[27] www.debis.de

4.1 Kryptographie

Kryptpgraphie ist die Wissenschaft von der Ver- und Entschlüsselung von Daten anhand mathematischer Verfahren. Mit Hilfe der Kryptograhie können vertrauliche Daten gespeichert oder über unsichere Netze übertragen werden, so dass diese nur vom eigentlichen Empfänger gelesen werden können.

In der Kryptographie sind zwei grundsätzliche Methoden der Verschlüsselung bekannt.

- Symmetrische Verschlüsselung
- Asymmetrische Verschlüsselung

4.1.1 Symmetrische Verschlüsselung

Bei der Symmetrischen Verschlüsselung wird zur Ver- und Entschlüsselung ein und der selbe Schlüssel benutzt. Dieser Schlüssel muss sowohl dem Absender als auch dem Empfänger der verschlüsselten Nachricht bekannt sein.

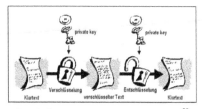

Abb. 5: Symmetrische Verschlüsselung[28]

Symmetrische Verschlüsselungsmethoden können Nachrichten zwar sehr schnell ver- und entschlüsseln, haben aber den Nachteil, dass der benutzte Schlüssel dem Empfänger der Nachricht zuvor auf einem sicheren Weg erreichen muss. Falls mit einer Vielzahl von Partnern kommuniziert wird, muss für jeden Adressanten ein Schlüssel generiert und diesem zugestellt werden. Dafür arbeiten symmetrische Systeme sehr schnell.[29]

---

[28] www.pgpi.org
[29] vgl. Othmar Kyas (Sicherheit im Internet), S.169-170

4.1.2 Asymmetrische Verschlüsselung

Die asymmetrische Verschlüsselung, oder auch Public-Key-Verfahren genannt, verwendet zur Ver- und Entschlüsselung zwei unterschiedliche Schlüssel. Man spricht hier auch von einem Schlüsselpaar. Die Schlüssel werden in einen geheimen und in einen öffentlichen Schlüssel unterteilt, wobei der öffentliche Schlüssel bewusst bekannt gegeben wird und ausschließlich der Verschlüsselung dient. "Die beiden Schlüssel werden so konstruiert, dass mit dem öffentlichen Schlüssel verschlüsselte Botschaften nur mit dem korrespondierenden, geheimen Schlüssel wieder entschlüsselt werden können."[30] Daher muss jeder Sender von verschlüsselten Botschaften in Besitz des öffentlichen Schlüssels des Empfängers sein.

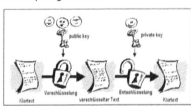

Abb. 6: Asymmetrische Verschlüsselung[31]

4.2 Digitale Signatur

Einen entscheidenden Beitrag zur Sicherheit bei elektronischen Geschäftsprozessen leistet die digitale Signatur. Wie bei einer handschriftlichen Unterschrift ist die digitale Signatur einmalig an einen Unterzeichner gebunden. Somit kann die Identität einer Person im Netz zweifelsfrei nachgewiesen werden. Desweiteren garantiert die digitale Unterschrift die Unverfälschtheit der Daten, da nachträglich vorgenommene Änderungen die Signatur zerstören würden. Für elektronische Vertragsabschlüsse wird somit eine Rechtsverbindlichkeit und eine verstärkte Rechtssicherheit gewährleistet. "Online-Nutzer, die die digitale Signatur nutzen wollen, erhalten von einer staatlich anerkannten Zertifizierungsstelle (z. B. Deutsche Post) einen verschlüsselten Unterschriftscode auf einer besonders gesicherten Chip-Karte."[32] Die elektronische

---

[30] Othmar Kyas (Sicherheit im Internet), S.171
[31] www.pgpi.org
[32] www.bmwi.de

„E-Security"

Unterschrift erfolgt, indem man sich über ein spezielles Kartenlesegerät am Computer einwählt und über die Chip-Karte ausweist.

4.3 Secure Socket Layer (SSL)

Eine Sicherheit bei der Übertragung von WWW-Seiten bietet auch das von der Firma Netscape entwickelte kryptographische Protokoll SSL (Secure Socket Layer). "SSL dient dem sicheren Verbindungsaufbau mit Authentifizierung des Servers optional auch des Clients, der Vereinbarung eines Sitzungsschlüssels und der anschließenden verschlüsselten Übermittlung der Daten."[33] Dies kann beispielsweise erforderlich sein, wenn über das Internet Vertragsabschlüsse bzw. Kaufverträge abgeschlossen werden, bei denen sich die Firma vorher von der Identität des Diensteanbieters zweifelsfrei überzeugen möchte. Auch ein Abhören zahlungsrelevanter Daten während der Übermittlung durch das Internet kann durch die SSL-Verschlüsselung verhindert werden. Die sichere Verbindung per SSL wird in der Fußleiste des Browsers durch ein "Schlosssymbol" (siehe Abb. 6) gekennzeichnet.

Abb. 7: Symbol für eine mit SSL abgesicherte Webseite

5 Software

Angetrieben durch den "Internet-Boom" sind in den letzten Jahren eine Vielzahl von Programmen auf den Markt gekommen, die sich mit dem Thema *E-Security* befassen. Eine kleine Auswahl liefert das nachfolgende Kapitel, welche aber vorwiegend für den Einsatz in "kleineren" Firmen geschaffen sind. Zum Schutz großer Unternehmensnetzwerke bedarf es individueller, abgestimmter Securitylösungen, die nicht mit Standardsoftware realisiert werden können.

---

[33] www.tu-darmstadt.de

5.1 Pretty Good Privacy (PGP)

Um zu verhindern, dass Nachrichten und Daten beim Transport über Netze unbefugt mitgelesen oder verändert werden, ist es empfehlenswert die Informationen verschlüsselt zu übertragen. Ein sehr bekanntes Verschlüsselungsprodukt, welches von Phil Zimmermann entwickelt wurde, ist unter dem Namen *Pretty Good Privacy (PGP)* seit einigen Jahren im Einsatz. Das Freeware-Programm kann aber nicht nur zum Verschlüsseln von sensibler elektronischer Post eingesetzt werden. PGP enthält auch Funktionen zur digitalen Unterschrift und Authentisierung von Benutzern. Die Software greift auf bekannte Verschlüsselungsalgorithmen zurück und lässt sich auf verschiedenen Hardwareplattformen einsetzen.

PGP benutzt das im vorangegangen Kapitel angesprochene Public-Key-Verschlüsselungsfahren, welches für jeden Benutzer asymmetrische Schlüsselpaare erzeugt. Der Austausch verschlüsselter Nachrichten mit PGP funktioniert wie folgt: Ein PGP-Benutzer teilt sämtlichen Kommunikationspartnern, mit denen er elektronische Post austauschen möchte, seinen öffentlichen Schlüssel (public key) mit bzw. veröffentlicht diesen Schlüssel im Internet. Seine Kommunikationspartner können mit diesem öffentlichen Schlüssel dann sämtliche Briefe verschlüsseln und an ihn versenden. Der PGP-Benutzer benutzt zum Entschlüsseln den nicht-öffentlichen Schlüssel (private Key), der auf der Festplatte seines PC gespeichert ist und dort unbedingt sicher aufbewahrt werden muss. Da nur er derjenige ist, der im Besitz des nicht-öffentlichen Schlüssels ist, kann nur er die an ihn gerichteten verschlüsselten Nachrichten wieder entschlüsseln.

Das Ganze funktioniert – in vereinfachter Form dargestellt – auch umgekehrt: Eine zu versendende Nachricht wird von dem PGP-Benutzer mit seinem nicht-öffentlichen Schlüssel chiffriert. Jeder, der den öffentlichen Schlüssel kennt, kann die Nachricht entschlüsseln. Da jedoch beim Entschlüsseln nur dann eine sinnvolle Nachricht herauskommen kann, wenn vorher der geheime nicht-öffentliche Schlüssel richtig angewandt wurde, wird auf diese Weise bewiesen, dass nur der rechtmäßige Besitzer des nicht-öffentlichen Schlüssels die empfangene Nachricht abgeschickt haben kann.[34]

---

[34] vgl. Stephan Fischer (Open Security), S. 161-164

5.2 Firewalls

So wie sich ein Unternehmen durch einen Eingangspförtner vor ungebetenen Besuchern schützt, so sollte auch das Firmennetzwerk vor Angriffen aus öffentlichen Netzen abgesichert werden.

Dies geschieht mit Hilfe eines Firewall-Systems. Die Firewall (dt: Brandschutzmauer) soll verhindern, dass Daten aus dem einen Netz in ein anderes Netz gelangen, wenn dies nicht gewünscht ist. Somit können nicht für die „Außenwelt" gedachte Daten die Firewall nicht überwinden und Daten aus dem Außennetz sollen nicht in das Unternehmensnetz gelangen, solange dies nicht gewünscht ist. Dabei wird durch technische und administrative Maßnahmen erreicht, dass jede Kommunikation zwischen den beiden Netzen über die Firewall geführt werden muss (siehe Abb.8).

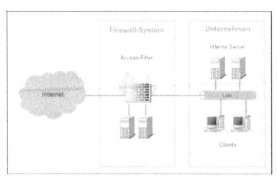

Abb. 8: Funktionsprinzip einer einfachen Firewall[35]

Eine Schutzwirkung wird dabei nur in dem Maße erreicht, in dem keine alternativen Verbindungswege in das öffentliche Netz existieren. Diese sollten durch das Sicherheitskonzept ausgeschlossen werden.[36]

"Firewall-Systeme werden nicht nur dazu verwendet, um das eigene Netz an ein unsicheres Netz wie zum Beispiel das Internet anzukoppeln, sondern auch, um innerhalb des eigenen Netzes Sicherheitszonen zu schaffen."[37] So genannte "Abteilungs-Firewalls" schützen beispielsweise die Buchhaltung oder den Vertrieb mit

---

[35] www.pallas.com
[36] vgl. Claudia Eckert (IT-Sicherheit), S. 438-440
[37] Tim Cole (Managementaufgabe Sicherheit), S.28

ihren vertraulichen Daten vor den neugierigen Blicken der Kollegen in fremden Abteilungen.

In Zusammenhang mit Firewalls ist auch der Begriff "Intrusion Detection" zu erwähnen. Der Ausdruck steht für ein spezielles Verfahren zur Abwehr von Attacken aus öffentlichen Netzen, speziell dem Internet. Ein Firewall-System, das mit Intrusion Detection arbeitet, analysiert den Datenverkehr vom Internet zum Unternehemsnetzwerk und umgekehrt auf verdächtige Datenmuster. Findet die Firewall gefährliche Datenpakete, wehrt sie den Angriff automatisch ab.[38]

Für den nicht kommerziellen Einsatz bietet die Firma Zone Labs eine kostenlose Desktop-Firewall namens "Zone Alarm" an. Das Programm gibt eine Kontrolle darüber, welche Anwendungen wann Daten ins Internet senden. Damit lassen sich Angriffe von Hackern erkennen und abwehren (siehe Abb. 9). Die neueste Version ist unter der Internetadresse *www.zonelabs.com* erhältlich.

Abb. 9: Abwehr eines Hackerangriffs mit "Zone Alarm"

---

[38] vgl. www.computech.ch

5.3 Virenschutzprogramme

Wie bereits angesprochen, stellen destruktive Programme ein enormes Risiko für die elektronische Sicherheit dar. Inzwischen kursieren laut Experten über 60.000 Viren im Internet und täglich kommen 20 neue hinzu. Umfragen haben ergeben, dass nahezu 50 Prozent aller Nutzer, die Zugang zu einem öffentlichen Netz haben, schon einmal von einem Virus betroffen waren.[39]

Berichte über Schäden, die von Viren namens "Mellissa" oder "I love you" verursacht wurden, haben viele Unternehmen dazu bewogen, ihr System durch entsprechende Softwaresysteme zu schützen. Sogenannte Virenscanner spüren die Viren auf, machen sie unschädlich oder stecken die befallenden Daten in die Quarantäne. Aktuell gibt es noch keine Virenscanner, die alle möglichen, d. h. auch bislang unbekannte Viren, aufspüren können. Deshalb ist es unerlässlich, die Virenscanner in regelmäßigen, kurzen Abständen auf den neuesten Stand zu bringen.

"Grundsätzlich lassen sich Virenschutzprodukte in OnDemand-Scanner und OnAccess-Scanner unterteilen."[40] Die OnAccess-Scanner überprüfen den laufenden Datenstrom am Gateway (SMTP, HTTP, FTP) oder auf Mailservern. Wie auch der Name schon sagt, ist durch diesen Typ eine Virenprüfung von Dateien direkt beim Zugriff möglich, z. B. beim Zugriff auf Disketten, CDs oder Netzwerkdateien. "Die Virenprüfung von Datenbeständen auf Fileservern oder des Informationstores auf Mailservern erfolgt anhand eines OnDemand-Scanners."[41]

Für den Einsatz im privaten Bereich oder in kleineren Unternehmen bietet der Virenscanner "Norton Anti Virus" der Firma Symantec einen sehr guten Schutz vor Viren. Das Programm ist für etwa 40 € erhältlich und lässt sich so einstellen, dass es automatisch alle Dateien prüft, die auf den Computer kopiert oder per Email auf die Festplatte übertragen werden.

---

[39] vgl. www.bsi.bund.de
[40] www.secaron.com
[41] www.secaron.com

6 Fazit

Absolute Sicherheit gibt es nicht. Dennoch ist jedes Unternehmen - gerade im Bereich der Logistik, wo wichtige und sensible Daten ausgetauscht werden - dazu verpflichtet, das Menschenmögliche zu tun und auf diese Weise die bekanntesten und häufigsten Gefahren zu minimieren. Daher schützen inzwischen immer mehr Unternehmen sich selbst, ihre Kunden und Vertragspartner, indem sie modernste Sicherheitsarchitekturen einsetzen (siehe Abb. 10).

Trotzdem wird das "Hase und Igel-Spiel" noch lange nicht vorbei sein, denn die Angreifer testen permanent aufs Neue die Alarmbereitschaft und die Sicherheitsvorkehrungen der Unternehmen. Doch diejenigen, die sich auch weiterhin intensiv mit dem Thema *E-Security* befassen, werden den Angreifern immer einen Schritt voraus sein und somit auch mehr Vertrauen bei Ihren Geschäftspartnern genießen.

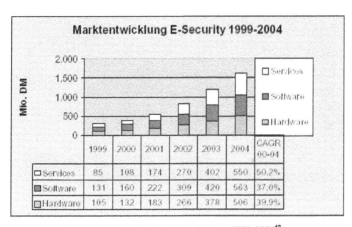

Abb. 10: E-Security Marktentwicklung 1999-2004[42]

---

[42] www.metagroup.de

Literaturverzeichnis

a) Fachliteratur

Cole Tim und Matzer Michael: Managementaufgabe Sicherheit, Managementaufgabe Sicherheit, München, 1999

Eckert Claudia: IT-Sicherheit, IT-Sicherheit - Konzepte - Verfahren - Protokolle, München, 2000

Fischer Stephan, Steinacker Achim, Bertram Reinhard und Steinmetz Ralf: Open Security, Open Security - Von den Grundlagen zu den Anwendungen, Berlin, 1998

Kyas Othmar: Sicherheit im Internet, Sicherheit im Internet - Riskoanalyse - Strategien - Firewalls, Bergheim, 1996

b) Internetseiten

www.bmwi.de	08.10.2002
www.bsi.bund.de	07.10.2002
www.competence-site.de	05.10.2002
www.computech.ch	07.10.2002
www.debis.de	16.10.2002
www.founders.de	07.10.2002
www.frauenhofer.de	07.10.2002
www.funkschau.de	07.10.2002
www.giga.de	16.10.2002
www.idc.com	14.10.2002
www.metagroup.de	07.10.2002
www.pallas.com	07.10.2002
www.pgpi.org	07.10.2002
www.secaron.com	07.10.2002
www.tu-darmstadt.de	07.10.2002
www.webagency.de	07.10.2002
www.www-kurs.de	05.10.2002